밟혀도 피는 꽃 III

밟혀도 피는 꽃 III

송은애 · 꽃시집

이든북

사진을 제공해주신 오래된 지인 '야생화 향기'의 김병지 교수님과 '야생화 여행(꽃따라 길따라)' 밴드장 조현미 선생님께 깊은 관심과 배려… 지면을 통해 감사드립니다.

 프롤로그

지친 내 영혼을 위로해 주는 꽃 이야기

"주어진 틀을 깨지 않으면 새로운 세상을 만들 수 없다"는 그리스로마신화의 말처럼 어느 한부분에 함몰되어 표류한다면 세상은 어둡고 형편없이 흘러갈 것이다.
 야생화 시詩를 쓰면서 누군가를 위로하거나 감동 시키려는 마음은 사실 없었다. 다만 내 감정에 충실하며 사는데 만족했으니까, 기회는 아무 때나 주어지는 것이 아니라는 것을 자주 느끼면서 그때 그 기회를 잃게 되면 선택의 순간은 지나가고 남는 것은 후회뿐이었다.

살면서 느끼게 되는 것 중
기회
선택
실천
용기
정의
지혜
절제는 알 수 없는 미래에서 질서(cosmos)를 찾아가는 나름의 존재였다.
 나의 성城을 쌓고 나의 세계를 그려가며 개방과 조화로운 어울림을 만들어내며 때론, 내 마음의 풍경이었으니 아름답지 않은가.

차례

05 프롤로그

10 히어리
11 노루귀
13 말뱅이나물
15 섬노루귀
16 모래별꽃
19 윤판나물
21 긴꼬리제비꽃
22 할미꽃
25 물싸리
27 갈랑코에(담배초꽃)
28 미니붓꽃
30 완도술꽃나무(통조화과)
33 미치광이풀
34 바위모시
35 아욱제비꽃
36 파스텔핑크(아부틸론)
38 빌레나무꽃(너럭바위)
39 붉은상록풍년화
40 광대나물
42 자운영
45 남바람꽃

47	핑크아악무
48	자금우
50	모람
53	먼나무
55	생강나무
56	다정큼나무
58	스푼국화(풍차국화)
60	노각나무꽃
63	댑싸리
64	신안새우난초
65	부들
66	전주물꼬리풀
69	까마중
70	뚱단지(돼지감자)
73	목화
74	억새
75	산부추
76	석류
79	섬말나리
80	정선바위솔
82	땅꽈리꽃

차례

- 85 과남풀
- 87 다도해산들깨
- 88 좀작살나무
- 90 처녀치마
- 93 왜박주가리
- 94 수리취꽃
- 97 동강할미꽃
- 99 염주(모감주나무)
- 100 산자고
- 101 금낭화
- 103 설악솜다리(산솜다리)
- 104 두메대극
- 107 큰제비고깔
- 108 초령목(招靈木)
- 111 넓은잎각시붓꽃
- 112 두메바늘꽃
- 114 나도개감채
- 116 둥근잎유홍초
- 118 메꽃
- 120 모래냉이
- 122 제주백서향

125 비수리(야관문)

126 세(細)복수초

129 왕별꽃

130 별나팔꽃

133 좀딱취

134 산작약

136 홀아비바람꽃

139 들바람꽃

140 칡꽃

143 애기나팔꽃

145 꿩의바람꽃

146 자주족도리풀

149 참기생꽃

150 화초달개비

153 뻐꾹나리

154 연꽃

157 결명자

158 에필로그

히어리

고개 갸우뚱 내밀고 기다리던 선물
금 귀걸이 떠올라 가슴 벅찼던 히어리
지난날의 언약 소리 없이 사라졌지만
나, 그대를 사랑해!

다시 찾아온 봄과 함께
말초신경에서 흘러나오는 설레는 마음
빛나는 은하수처럼 흩어지던 별빛
아, 그리운 그대 어디 있을까?

노루귀

두 귀 쫑긋 세우고
동안거 스님 발자국 소리를 듣다
밤새 내려와 놀고 간 잔설 속에서
번지는 동면 깨뜨리던
물방울 소리에 놀란 가슴

뽀송뽀송 아기 똥 냄새가
분내에 젖어 얼굴마저 붉어졌다

그때부터 엄마의 손길이 바빠진다

말뱅이나물

나의 태생은 어디일까
행복의 문門도 오리무중인데
샛별은 빛나고 활짝 퍼진 꽃잎엔
전염병 창궐하듯 소름이 돋아난다

문득 외로움으로
밤새 매달려있던 이슬이다
아침 햇살에 본 모습 드러내고는
인생의 쓴맛 우려낸다
행복의 문門! 활짝 열려 달달한데
망설이며 몸짓 흔드는 울림,
과연 무엇의 부산물일까? 궁금해
갸우뚱!

섬노루귀

종이꽃 만발한 절 마당 한가운데
곱게 핀 인간 꽃들이 평안을 기약하는
요즈음, 힘든 시간의 목마름이 하나둘

사월의 요정, 화희의 미소는
갈증의 끝을 축이며 합장한다

봄 꽃 진 그곳에서의 노래는
얄궂게도 울긋불긋, 아이러니의 힘찬 약동
미래의 꿈을 그린다
시나브로 편안한 내일을 위해!

모래별꽃

수없이 부서져 내린 별빛모아
나 그대 만나러간다

세상 한 바퀴 휘돌아 무도리 건너
산전수전 겪고 나니 망각도
흔적도 사라져 버렸다

삶의 끝 모서리에서 지우려고
발버둥친 흔적은 희미하게
남아있었지만, 실핏줄 같은
희망으로 쉼표 하나 찍고

신화神話처럼 비밀처럼

윤판나물

멀리 외딴 섬에서 궁금증으로 떠돌다
길 잃은 이방인이 되었다
태초의 뿌리를 찾아 헤매다보니
길 잃은 외계인도 되었다

어미 애비도 모르는 사생아
터 잡고 빛나지 않아도 맑은 얼굴
그 위로 선명히 나타나는 형상
나의 원천은 왕비였다
너의 근본은 왕족이었다

분실된 나의 옛 모습 찾고보니
문신처럼 새겨진 흔적 영원하더라

긴꼬리제비꽃

깊은 내면엔 화려하고 외로운 일
너무 많아 길게 꼬리 내리고
낮은 포복으로 사뿐사뿐 걷는다

"꼬리가 길면 밟힌다"
듣고 싶지 않던 귀찮은 소리
딱지가 생기도록 들었으나 이젠,
개념 하지 않는다

맘대로 떠들어봐라
내가 술 사먹지 흉터는 고치지 않으리
누구의 소리든 한 귀로 듣고
다른 한 귀로 흘려보내려니
덤벼봐라 세상사야! 두 귀 쫑긋
"꼬리가 길면 밟히나 내기할까?"

할미꽃

"애야!"
옛날 옛날엔 하면서 늘어진 한마디
"세상 참 눈부셔?"
그 어미의 어미 말에 숨죽이며
듣던 또 한마디

입 막고 삼년
눈 감고 삼년
귀 닫고 삼년
이제와 생각하니 깨닫게 되는
일생을 보냈으니 힘들었던 여정

그 생각에 한 뿌리 캐다 심어놓으니
할 말 없다고 꼬부라진다. 우야꼬!
그리운 그 시절 아이러니하다

물싸리

물싸리 곳곳에서 바람타고 춤춘다.

세월 건넌 콧구멍다리 지나면
지난겨울 기다렸던 눈발 떠올리며
천지를 설원으로 만들며 자리 차지하고 있다.

　원래 인간이란 가슴이 뛰어야만 사랑할 줄 아는데 그것을 아는 사람이 몇명 되지 않는다. 안다 해도 좁쌀보다 더 작은 감성을 서로 이해하기는 힘든가 보다. 뿌리 끝에서 빨아올린 기운을 빼곡히 채우고 여유롭게 살뜰히 피었다. 오만도 자만도 아니라고 좁은 곳에서 내 자리 내어주면 고즈넉하게 피었다 갈 것인데 물싸리 지천으로 피어 지난해 경험하지 못한 설국을 그리다 지천으로 피었다 진다.

칼랑코에(담배초꽃)

할머니 곰방대 긴 한숨은
재털이에 탈탈 시름 달랬다
세상 찌든 허름한 정지*엔 날파리 날다
놀라 안개 자욱한 하늘에 등지고
노을 질 때 바라보던 담뱃재에
얼굴 붉어지고 수줍어 떨어지는
한숨에 잡지 못한 화살촉이었다

세상사 모두 날 속였구나!
돌아선 구름 속 희망이 살짝
꿈꾸던 담뱃대는
활활 생기가 돋아난다
세월 참 부끄럽게 하구는구나
어차피 지날 시간들인데

*정지--부엌의 사투리

미니붓꽃

내속엔 깊은 사유가 잠재해있어
태어나는 욕망과 절망, 간절함
모두가 살아나는 꿈일세라

도란도란 모여 앉은 그대 어깨가
세상 지치고 보이지 않는 사연에
돌아갈 곳이 있어 행복하다

작고 여린 가슴에 문신처럼 새겨진
찬란한 빛이 때론 어깨를 짓누르지만
작은 희열에서 돌아볼 꿈에 자신만만하다.

여유롭게

완도술꽃나무(통조화과)

혼돈의 도가니 속 공허는
너를 믿지 못해 생기는 일 같다

나는 나대로
너는 너대로
하염없이 늘어진 여유
차라리 즐겨보자!
명심해라

언제든 떠날 수 있는 너를 위해
항상 준비하는 나는 고통의 번뇌
꽃술에 숨겨두고 향내 간직하리니

미치광이풀

"세상이 왜 이래?"
맑은 날 동장군 몰래 꽃을 피웠다
천지가 혼돈의 바다
유혹의 꽃풀

세상은 미치광이로 돌아간다
"다! 속았구나 야?"
그래도 그대만큼은 날 지켜주게나
바람은 하늘 끝인데
보이는 건 세상 어디에도 없네
그대여! 큐피트 화살이라도
날아와 주길 우리 기도하세!
딸랑 딸랑

바위모시

살결 부드러운 갓난아이처럼
솜털 뽀송뽀송 착한 사랑 찾아
많은 사람들이 시련을 겪었으니
퍼지는 숨결이 신박하다

내 느낌을 알았으니 바람에 실려
날아가지 말고 곁에서 머물기 바란다
당신의 과거, 현재, 미래 모두를 접하오니
영원토록 내 분신처럼 부드럽게
사랑의 완성 품고 살아간다

아욱제비꽃

우리 엄마 살아생전 좋아했던 봄
그 봄을 알려주던 삼짓날 돌아온 제비
이제는 꽃이 되어 만발했네
어미는 내 곁을 떠난 지 수십 년
그리도 좋아하던 아욱된장국
너울너울 춤추네

비단한복 차려입던 날
한없이 소리 내어 울었것만
돌아오지 않던 우리엄마
고운 한복 차려입고 배시시
새봄 새날에 희망 안고
내 곁으로 다가왔네, 환한 모습으로

파스텔핑크(아부틸론)

쪽도리 방금 벗은 새악시
맑은 얼굴처럼 뽀얀 모습에
공허로 파고든 내 영혼

며칠 전 다녀간 소꿉동무의 해맑은
대화소리 도란도란 스친다

언제 그랬냐는 듯 시치미 떼는
갓난아기 옹알이는 속살 드러내며
흐트러진 마음을 정리정돈하게 한다

빌레나무 꽃(너럭바위)

이방인은 아니었다
원주민도 아니었다

깊게 스며든 그 정서가 나를 닮아
도전하고 향기 피운 세상
섭렵한 곱디 고운 화강암 부스러기
너럭바위에 걸터앉았다

붉은상록풍년화

나의 풍요로운 신神이시여!
디오니소스의 자유로움과
전사 아테나여! 아라크네여!
들어주소서, 나의 작은 소망

거실까지 파고든 봄 햇살처럼
늘 따뜻한 기운 퍼지게 하소서
풍년화 안고 들어선 신神께
경배드리나이다

광대나물

"이제 날좀 어떻게 꼬셔봐요!"
미소로 답하고 손짓으로 흔들어도
대답하는 이 없는 세상
어찌할 바 모르겠네요

나! 부지런히 그대 곁으로 다가서는데
봄이면 봄이라고 새침 떨고
가을이면 단풍에 날 외면하니
아! 지나칠 수 없는 계절에
돌이켜본 숲속 아름다움 스미며
존재감 없어도 나는 광대여!

자운영

지금은 사라진 꿈이다

첫사랑도 마지막 사랑도
기억상실로 허공을 헤매는
치매 환자 같다

한때는 누구의 사랑으로
누구의 딸로 화려했지만
시간조차 빛바랜 흔적

찾아가리라, 잃어버린 과거는
흘러간 판도라의 상자를
열게 할 것이다

남바람꽃

세상에 바람꽃이 하나 둘인가?

지역마다 구석마다 바람모아
그네 타는 오색구름처럼
나도 바람꽃이다

이름을 주섬주섬 떠올리다
우연히 스쳐간 번뇌
사랑할수록 외로워지고 구름 끝에
매달려 미소 짓는 그 자태
남바람꽃, 외면하며 바람난
그대 부푼 가슴 같다

46 송은애 꽃시집

핑크아악무

길을 잃었다.
어느 순간에 방향을 잊어버려
적도를 벗어난 나의 가슴은 이미 길을 잃었다.
이정표 없는 길 헤매다보니
혼미한 정신 가눌 수 없어
난, 이대로 주저앉아 너를 기다렸다.
길을 잃었다고 수없이 외치며

돌아보니 알 것 같은 세상에서도 나는 너를 찾아
길을 잃었다. 어쩌란 말인가?

자금우

잠시 빛을 발할 때가 있었다

수수한 단발머리, 단정한 옷차림
그 빛이 밝아 모두 손잡고 가자했다
빛바랜 그날부터 어느 누구도
잡으려하지 않은 손
부끄럽다

언제부터였는지 허공을 맴도는 손
저 붉은 열매라도 잡아야지 했는데
지나간 그 빛은 다시 오지 않고
놓으려는 배신의 손만 남았다
허전하다

명백한 순간, 이미 흘러갔으나
남은 미련에 가슴이 뚫린 것 같다
이해해야한다.

포용으로

모람

움추린 동면의 계절을
거슬러 애타게 쌓아온 나의 세월
모람? 태아의 숨결 같다

봄을 향해 달려가는 님께
부러운 가슴, 부푼 마음 내려놓으며
모람? 숨소리 한번 요란하다

거리 현수막엔 시절을 말해주는
"새해 福 많이 받으세요"가 지천이다
모람? 힘찬 파이팅은 선물이다

나눌 복福도 없으면서
오는 그리움이 사랑스럽다
그래도 살아있다는 기적 같은 사실
신神께 감사의 기도 올린다

먼나무

때 아닌 열풍 불던 날, 그때
비단 잠도 비바람도 슬며시 지났다

가슴속은 온통 열병으로 심하게
오른 체온은 진땀으로 번지고
두통에 몸살로 지옥과 천당을
오락가락하며 혼절인데
때를 알았을까? 스스로 물러난 계절 끝
그 아픔은 사라지고 피어났다
욕망으로 가득 찬 붉은 열매로
열기로 넘쳐나는 홍조로 피어났다

생강나무

내가 봄을 기다리는 건 당신을
만나기 위한 샘물이다

가던 길도
오던 길도
심해에서 끓어오르는 그 길도
오직 당신을 만나기 위해
내면의 깊은 잠을 잠시
가슴 아래 내려두고

보란 듯 피어난 내 마음을
여울에 남기며, 울림처럼

다정큼나무

다정다감 네 글자가 떠오른
추운 겨울 만난 그대가
소리쳐 부른 그날의 그 언약들이
새록새록 피어오른 잔상들이
내 어깨를 짖누를 때
섬광처럼 피어난 불꽃

아니야!
그런 얄팍한 기억속의 그 무엇이 아닌
내면 깊은 곳에서 샘솟는 옹달샘
어둠을 거스르고 피어난 가슴 꽃

스푼국화(풍차국화)

참 이름도 다양해

국화菊花는 국화인데 별명인가
어느 날의 애칭처럼 아호처럼
때를 거르면 쓸 수 없는 이름표
때론 왕자였다가 거지가 되고
때와 장소를 넘나드는 호칭

과연 나는 누구
여긴 어디?

노각나무꽃

맞아!
무릎 치던 그 이가 내게 말을 걸었다
잔잔히 물결치듯 퍼지는 목소리에
은근 전해지는 향기가 물씬

언뜻,
삶의 시방서 같은 계산서가 오갔다
남는 것도 모자랄 것도 없는 한 세상인데
가슴 끝 멍해짐을 느꼈으나

아궁이 피어오르는 불길에 불멍하며
과거인지 미래인지 구분도 되지 않는
세상일을 들추며 또 들썩인다.
나! 잘 살고 있는 것 맞죠?

댑싸리

오셨으면 얼굴만 붉히지 말고
점이라도 찍고 가서요
눈 내려 쌓이면 어쩌시려구요
마음 한구석은 늘 비어있어
슬픔도 행복도 담아낼 수 있는데

찾을 수 없고
볼 수 없고
날수 없고
헤아릴 수 없으니
용서하소서

마음은 항상 붉게 물들어 있답니다

신안새우난초

바다를 거슬러
용암을 딛고서
세월을 건너고

깊은 사해死海를 지나
윤회의 시간이 흐르고 나니
이제야 무언가 알 것 같다

부들

햇볕은 늘 그랬다.
어느 한적한 연못이나
황량한 저수지도 같은 느낌인데
오늘따라 쓸쓸한 건 모두가 떠난
외진 타향에서의 명절이다

떠나지 못하는 신세
햇볕은 늘 그랬다
나를 위로하는 한마디 덕담처럼

전주물꼬리풀

보이는 건 물이라 꼬리에 물을 달았다

형체도 빛깔도 없는 그가
사랑한 건 비바람, 구름이란다

홀로 아니 어깨동무하던 벗들과
옛정 살피던 그 여과되지 않은
바람들의 속삭임에 그를
떠날 수도 거스를 수도 없는
많은 사연 속에 떠올릴 수도 없어
그저 바라만 볼 뿐이다

"나 여기 있어요!"
바람대로 간다. 발도 없이

까마중

유년시절 입가의 까만 물 들어도
호재 만난 듯 따먹던 콩만한 열매
그 콩이 자라서 어른 된 듯
사춘기 지나 나이드니
그저 그립기만하다

놀려먹던 그 아이들도
이제 자라서 어른되니
까마중도 그립겠지?
그저 세월 지나 옅은 미소 번지면
아픈 과거는 슬며시 사라지니까

뚱단지 (돼지감자)

"어머! 내게 관심 있나봐!"
아무도 찾지 않는 어느 산길 모퉁이
길을 잃었나, 노란 꽃이 반갑다

세상 살다보면 가끔은 아주 가끔은
허튼소리도 뚱딴지같은 소리도
살갑게 다가올 때가 있었기에

살만하다고 유유자적
시치미 떼고 살아간다.

목화

내 삶이 방황하고 어수선할 때
학창시절 배웠던 목화 솜 그 꽃!
어젯밤 이부자리에서
밖을 나오기 두려워
다시 똬리 틀고 숨어들 때

맑게 피어난 목화에 매료되어 있었다

언제나처럼 턴! 외치며 힘 얻었던
그 기억에 용기되어 다짐했던
내 삶의 연인으로 피어난 꽃!

억새

억척스러워서
으악스러워서

때론 시국이 어수선하여
갈대로 착각하고 앉을 곳 없어도
흔들거리며 노을 기다린다.

산부추

별꽃이 텃밭에만 있는 줄 알았다
아니, 죽어 별이 된다던 마을입구
쓸쓸했던 노인 외롭게 별이 되더니
깊은 산속에서 벗을 만들었네?

하여가 붉게 물들었다

석류

누군가 말했다
가을이라는 계절에 그를 만나지 않으면
오금이 저리고 온몸이 근질거린다고

누군가 전해주었다
담장 넘어 그가 익어 가면 식었던 사랑이
터지도록 그립고 보고파 견딜 수 없다고

누군가 오순도순 날 유혹했다
붙잡아도 저 너머 있는 그를 만나기 위해
월담하고 옷깃을 가다듬고 정리한다고

가을을 맞이할 준비
사랑할 준비
외로워할 준비

섬말나리

봄바람 타고 오니 노란꽃

여름열기 안고 오니 빨간꽃

산들바람 가을바람에 보라빛

겨울바람 담아낸 저 꽃은

흰꽃, 설화를 닮았네

정선바위솔

돌고 돌아 찾은 아주 낮은 그 곳
사뿐히도 내려앉았다

곱게 빗은 쪽 머리카락 흩어져 내릴까
노심초사하던 시어머니
'시' 자가 붙으면 싫어서 시금치도
안 먹는다는 어느 여인네가
무거운 어깨 내려놓으며 걸터앉은
그 자리에 다소곳하던 바위솔
그만 대성통곡하며 울다가 울다가
환희에 젖어 마음 활짝 열던 그 바위
언제나 내 편이길 바라며
웃다가 멋쩍어 눈물 한 방울 떨군 곳에
피었다. 자리 잡았다

땅꽈리꽃

누군가 뽑아버리려다 남겨놓았더니
삶을 화려하게 부활했다며
내게 보내온 꽈리꽃
질리도록 전율이 솟아오른다

"죽어야지 죽어야지" 되내이던
시어머니 옆에서 삶의 귀중함을 알았다던
며느리는 나의 벗!
"잊으라고 무시하라고" 떠들던
내게 보란 듯 피어 난 꽃

삶의 미련을 던져주었다

밟혀도 피는 꽃 Ⅲ   83

과남풀

우주 한 공간에 내려앉은 선녀
그 푸름이 진하다 못해
숨이 막힌다

남쪽하늘 어느 귀퉁이에서
가면을 썼지만 빛 발하는
귀인이다

내 생애 갈 길을 제시했으므로
인정하노라! 환희의 미소를

다도해산들깨

떠나지 않고는 생명을 연장할 수 없고
뿌리 내리지 않고는 설명이 안 되는 삶
이쯤에서 둥지 틀고 여장을 풀고 보니
다도해 너른 바다가 내다보이는 곳이다

텃새 부리던 해국도 어느새 동반자 되고
바람꽃 반겨주던 흔들리는 나의 여정이
노을보다 밝아오는 여명, 그때를 기다려
주변 확장하고 오히려 주인인양 산다

내 앞길을 막지마라 호통치듯 당당하게
고개 들고 동반자를 응원하며 서있다

좀작살나무

나의 보금자리를 캐묻지 마라
부탁 아닌 부탁을 드리며
옹기종기 모여앉아 성을 쌓는다

뿌리 내리면 그 곳이 삶의 터전
작은 야생목은 나를 닮아있다
쉬고 쉬고 숨 돌리며
꿀잠 자려해도
역맛살과 도홧살에 묶인 태생
빛을 내고 있으니 고날과도 오밀조밀
숨좀 쉬고 살자! 내 부탁 들어줘!
피어나는 독한 마음 다스리게

처녀치마

아이들은 늘 내 치맛 속이 궁금했다
특히 부러진 양산 살 빼버리고
만들어진 치마는 치마 들추기
삼매경에 들게 하는 호기심 자체였다

장난기 발동한 유년의 아이들
"아이스깨끼!" 하며 치마를 들춘다
내 울음소리와 오라비의 등장으로
상황은 종료되지만 신기한 모양의
귀한 치마는 기억 속 서런의 추억이다

양산이 치마로 바뀌는 그 비밀은 항상 미래를
엮어가는 분기점이 되었고
돌아보니, 유년의 치맛 속은 아픈 기억
하지만 가슴 한켠 따뜻한 장작불이다
기억이 추억되는 순간이다

왜박주가리

참을 수 없는 존재의 신비함을
글쎄! 미소로 방실방실

햇살 가득한 어느 날
대추나무 가지에 줄을 긋고
팔방놀이 하는데 나풀나풀
휘날리는 날갯짓에 내려앉은
싱그러운 바람 아랑곳없이
나비도
고추잠자리도
따라와 친구하고 있다

끌려온 바람 한 점 햇살과 뒤엉켜
"나는 천하제일이다!"
겨루며 놀고 있다.
감히 여과도 생각도 없단 말이다

수리취꽃

그리운 엄마 품이다

어느새 가을이 깊어지면
수릿날 만나지 못한 수리취꽃이
빼꼼 얼굴 내밀며 부끄런 햇살
마주하다 멋쩍게 웃는다

먼지처럼 재산이 쌓이면 좋겠다
낙엽만큼 쌓인 쌈짓돈하며 말 끝 흐리고
한 숨 짓다 어색해 슬그머니
미소 짓던 보고픈 엄마! 그 품이다

동강할미꽃

동강에 안긴 꽃
물소리 바람소리 사모하여
가파른 절벽에
매달려
가슴앓이 하소연
동강자락에 풀어놓고
정선을 품은 꽃

굽이굽이 자주 옷고름
침전되어 아라리오
숨다가 숨다가 지쳐
가파른 뼝대 위
나래 접고 앉아
외줄 타기 하면서도
하늘마저 품은 꽃

염주(모감주나무)

태초에 인간사 엮기기 싫었지만
인간이 가지고 있는 번뇌, 외로움,
쓸쓸하고 괴로운 운명까지 안고 태어나
인과를 실천하고 응보를 받아가며
익어가는 세상사 만족 느끼며 산다

양달에서도 그늘에서도
당당히 일어서는 그 원동력으로
윤회를 맞이하며

밤새 108번뇌 사르는 날들 속에서 산다.
염원을 빌며 산다.

*모감주나무의 열매로 염주를 만든다

산자고

깊은 숨 잠시 몰아쉬고는
저 섬의 고독한 바람을 얼싸안았다
모난 꽃 끝이 바람에 시달려도
가슴 깊이 담아낸 모든 바람이
머물지 않고 사라져도
나는 행복하다

금낭화

문을 나서면
조용히 갈대숲으로 달아나고
뒤돌아서면 새초롬히
쪼그라드는 햇볕도
옹기종기 모아
바람에 날아갈 새라

연등 내걸었다

설악솜다리(산솜다리)

 내가 세상에 태어난 일은 우주가 원하는 일이었을까?
 세상 밖은 의외로 춥고 외롭다는 그 말이 떠오른다는 것과 정비례하고 있다. 가끔은 쉼표와 마침표를 사용해야하는데 분별서지 않고 떨고 있을 그대를 생각하면 어디에 쉼표 아니면 마침표를 써야겠지? 생각할 때 피어난 당신이 늘 내게 관심으로 배려하는 모습에 봄을 겨울로 되돌리고 가을 여름으로 찾아가는 우를 범하지 않아도 될 듯 싶다.
 "나! 어때요. 예쁘죠?"

두메대극

앙증맞아 보이지도 않지만
존재를 드러내던 그녀의 작은
고사리 손은 올망졸망
큰 꿈은 숨겨두고 있다

그저 귀엽게만 바라보니
드러낼 수 없어 가슴앓이 하는
두메산골 새악시 속내, 야반도주를
꿈꾸고 있다. 너른 광야 그 바람 그리며

큰제비고깔

새봄맞이 단장하고 나선
제비부부는 다산으로 지지배배
온몸 부서져라 육추에 힘썼는데
뒤도 돌아보지 않고 이소하는
새끼를 잡지도 서운해 하지도 않는다

널리 산속 제비고깔은 요고무舞 추듯
간절히 소망했다. 혼자는 외롭다고
세상 끌어안고 훠어이 훠어이
얼키고 설키며 살자 맹세했다

다가선 사랑 아름답게 장식하며

초령목 招靈木

애당초 나는 혼자 살 수 없는
운명을 타고 났는가보다
늘 그는 내 곁을 머물다 소리 없이 사라졌으나
남기고 간 그 흔적은
향기로 남아

나를 부른다
님 부른다
세상도 부른다

거부할 수 없는 그 향기에
밤낮을 혼돈하는 달빛의 그림자다

넓은잎각시붓꽃

성근별 소곤거리면 삼삼오오
옹기종기 도시락 싸는 가족들
별자리 보러 나왔단다

"반딧불이 제철인데요?"
아이들은 박수치며 반딧불이 보러
가자고 가족을 부추긴다

"시끄럽고 불 밝히면 반딧불이 안 보여!"
그래도 예쁜 똥꼬 불 본다고 아우성이다
복작복작 자리 틀며 꽃을 피운
각시붓꽃 수줍어 얼굴 내밀며 하는 말
"시끄러워 잠 못 이루겠네?"

두메바늘꽃

고립의 연속은 삶의 원동력이었다

엄마의 바늘 당기는 소리는
배고픈 햇살이었다
바늘의 강약은 사랑하는 자식의
꿈이고 고향이었으니까

둥글게 떠있는 낮달처럼
당당하게 일어서는 엄마의 여정을
대변하듯 고즈넉한 그 모습에서
풍겨 나오는 모성애 빛나는 향기였다

나도개감채

빛을 향해 뻗어가는 어둠저럼
마치 뜬 눈으로 사력을 다했다
머리끝부터 발끝까지 나는
기쁨이 출렁이는 파도처럼
독백으로 괴로움 삭히며
나의 집을 지었다

서까래 옆엔 잘생긴 나무에서 나는 향기
기둥 아랜 희귀한 나무로 멋부린 자존심

살아보니 허전하고 쓸쓸해도
돌아보니 세상 달라 보인다

둥근잎유홍초

좁은 텃밭 사이에 홍등 달고 얼굴 붉힌
그녀가 외로워 애기 나팔꽃을 불러들여
썸을 타는데 배려를 아는가
번뇌를 아는가

어젯밤 밝힌 홍등 사이로 비추어지는
나의 신혼시절 아름답게 떠올라
잊어버린 그 짜릿한 감정선
살아난다. 피어난다.

돌이켜보니 우린 세상과 맞서
제대로 살았나보다

메꽃

가뭄 심하고 혹독한 겨울 지나자
무소의 뿔처럼 당당하게
하늘 향해 도전장을 냈다.

언제부터였는지 모르지만
나는 혼자 서 있었다
문득 주변을 맴도는 스산한 기운
하나 둘 떨쳐버리고
당당하게 일어서서 폭죽처럼
피어나는 당신의 그 당당함에 외롭지 않다.

모래냉이

모래탑, 모래성
하나 하나의 개체가 뚜렷한 모래
서로 섞이지 않고
각자의 길을 가는 문단의 현실을
말해주는 것 같다

그 속에서 말없이 곱게 피어난
모래냉이 노란 꽃이 알려준
유년의 색깔
청춘의 찌꺼기
중년의 사랑마저 대변하는 것

미련덩이로 꾸역꾸역
흐름도 가끔은 배반하고
여백의 미! 그 노란 기억에
화톳불 사른다

제주백서향

맞다! 그 단어가 나의 애칭처럼 된 순간
늘 무릎을 치는 버릇이 생겨났다

제주에서 달려온 그 꽃을 본 시간에
떠오른 단어 "맞다!"
향내가 풍겨오는데, 내 오랜 기억을
흔들며 절로 스쳐간 외마디 비명이다
함초로히 모습 드러낸 꽃의 비밀이
숨겨논 내 청춘의 향기 같은
내음이었다. 향기롭다

밟혀도 피는 꽃 Ⅲ 123

비수리(야관문)

난전에서 나는 행복을 찾았다
사람과 사람 사이에서 피어나는 꽃
어딘들 거부하겠는가

구름 쓰고 바람 타고 햇볕과 동행하며
진자리 마른자리 개의치 않고
천변을 보금자리로 알고
언제든 일어날 준비하고 있다

이로운 삶을 위해 정성 받치는
내 삶을 닮아있어 변할 수 없다

세細복수초

기다림이란

목마름에서 시작되는 것
겨우내 흠뻑 내린 눈 속에서
인내하는 것
시샘하는 동장군과 맞서는 것
잃어버린 세월을 돌려 놓는 것
타오르는 열정 앞에 무릎 꿇는 것

밤새 불면에 시달리던
나의 밤과 놀아나다가
늦바람 따라 소멸되는 가슴의 꽃
온기 불어 넣어 환희의 꽃 피우는
아름다운 고독으로 빠져들다
자리 잡는다. 미련하게도

왕별꽃

별이 하늘에만 있는 것 아니야
별과 함께 별별스럽게
셀프 칭찬하며 서로를 위로하니까
세상이 아름다운 거지

그중에 나는
언제나 선두이니까
사랑도 번뇌도 미움까지도
품안에 안고 다듬어가는 거야
별빛도 꽃별들도 내 안에 있는 거지

별나팔꽃

밤새 뒤척인 끝에 내려선 별똥별 하나
갈 곳 잃고 서성이다 자리 잡았다

인생이 다 그런 거지
저승보다 이승이다 얄팍한 말에 속아 오늘도
잡초 밭을 이불 삼아 아니, 요람삼아
별 하나 둘 세며 위로 받는다

세월이 약이겠지
흐르면서 치유되겠지
별똥별 세고 또 세며
미소로 피어났다

좀딱취

휴! 자유의 몸이다
초저녁 보았던 드라마의 잔재가
밤새도록 나를 괴롭힌다.
죽도록 사랑한다면서
폭행에 감금 그리고 약점을 건드리는 비열함까지

진저리치며 선잠 속에 비친 모습
와! 환희의 몸부림이다
어설픈 위로도 슬며시 다가서는 안도감,
그래! 나만의 비밀장소 숨기며 사랑해야지
안식처 삼으며

산작약

난 쓸쓸한 일출보다
훔치지 못하는 노을이 더 안타까워
어디를 가든 헛헛한 마음
내려놓는 일이 없었다

담장 높은 빨간 벽돌집이나
고래등 같은 늙은 기와집을 봐도
가슴에 싸늘한 기운이 사라지지 않았으나
허름한 양철지붕에 찰랑찰랑 떨어지는
빗소리에 오히려 마음 무너져 내린
여린 소녀가 되고 싶었다

나의 간절한 희망처럼

홀아비바람꽃

겨울나기가 힘들었어요.
어깨 시리고 다리가 풀려
자꾸 넘어졌어요
면역력 떨어져 허리가 구부러지고
무너져 내려 서 있기조차 힘들어요

찬바람이 손끝 발끝까지 침범하니
꽃을 피워낼 수 없네요. 하지만
먼저 간 동반자 그늘이 그리워
하얗게 바랜 얼굴이라도 내밀며
인생의 봄을 그리고 있어요

얼굴도
마음도
허리도 피면서 사랑을 꽃 피워요

들바람꽃

너른 들판을 가로지르던
칭기즈칸의 후예다.
그는 좁은 계곡 뼝대 아래를
뒤로하고 과감하게 나를
감싸 안았다. 어미의 모성애도
아비의 품 넓은 그 기상을 닮아있다.

그 흔한 기쁨이나
행복 그리고 그리움까지
우리에게 전해준
들판의 야생미美까지
아! 사랑하지 않으면
외로워 죽겠다는 각오가
가슴을 찌르는 용기에 두 손이 모아진다.

칡꽃

가슴 끝으로 내려앉아
세상 그리다가 용태울 푸른 물에 잠겨
가슴을 열고 바라본다. 멍든 가슴이
줄기타고 봄, 갈지나 갈증나게 뿌리로 내리고는
모른 척 미소만 속삭였다

그것이 이유가 되겠지만
용기 발판삼아 당당하게 세상
헤쳐나가리다. 강바람이 삶처럼
매서워도 괜찮아!

애기나팔꽃

밤사이 훌쩍 커버린 애기나팔꽃
꿈도 다양한 모습으로 나타나더니
아주 작은 나팔소리로 속삭인다

어린 너의 모습은 보이지도 않던 세상
그 세상 딛고 일어나려고 얼마나 애를 썼나
숨 쉴 수 없었으나 처연하게
운명도 만나고 꼬인 세상 풀며 풀며
동심을 발판 삼아 서고 보니 세상은
별 볼일이 없더라
힘찬 소리로 부는 나팔, 그대여!
귀 기울여 들어볼 마음 없는가.
예쁘게 봐줘
사는 게 그리 만만치 않더라구

꿩의바람꽃

언제나 나는 바람이었다
돌아봐도 늘 혼자
바람과 친구하고
낙엽과 동행하는 고독한 방랑자다

자주족도리풀

낮은 산 아래 그늘에서 취한
휴식의 매력이란 숨기지 못하는
나의 발정 같은 열정이다

지기地氣 즈려밟고 일어나
기지개 펴는 작은 어깨에도
긍지와 오만과 감성이
살아 움직이고 있다
나는 자신한다

언제나 나타났다가 사라지는 꿈
하늘도 오락가락 나를 흔들지만
아무리 그래봐라!
내 고집 꺾을 수
없다는 것 알았을 땐
이미 늦은 현실 감지하고 난 후라는
느낌 아닌, 느낌

참기생꽃

진정 나의 자존심을 짓밟으럽니까
그녀는 비단잠결에서 깨어나
헛웃음으로 진저리치며 꿈에서
벗어나려고 안간힘을 썼다

분명 선명한 자막이었다
문신처럼 파고든 외로운 고독이었다
순간 바람도 매서웠다. 삶이 그랬다
전신으로 퍼지는 암덩어리를 외면한
그 어떤 몸부림도 아니었는데
사는 게 왜 이리 힘든지 독백으로

화초달개비

짙은 화장하고 거리를 나선다

꽃인지 잎인지 알 수 없는 모습과
오묘한 색상으로 나를 홀리더니
새침떼기처럼 고개 돌리는 그녀

사랑이라고 했다. 아니,
우정이라 했다
그 안에서 흔들리던 그 무엇
뭉클, 떠오르는 건 삶의 미련이다

뻐꾹나리

아이야! 들어보렴 이런 소문이 있었어!

뻐꾸기는 둥지를 탐내다 발등 찍혔단다
알고보니 훔친 둥지에서 그는 너무도
뻔뻔하게 주인행세하며 욕심을 부렸단다

그곳에서 태어난 어린 뻐꾸기는 살살
자신있게 날갯짓하며 이소하다.
그때 태어난 어린 새는 어미 찾다
슬픔 뒤집어 쓴 채 사라졌다.

어린 뻐꾸기는 보금자리
차지하고 이방인의 가면까지 가로챘지만
외로움에 지쳐
초롱꽃으로 피어났단다

연꽃

누가 외롭다고 했는가
달님도 동행하고
별님도 함께하는
오늘 저녁엔 유난히 빛이나것만

아니, 잘난 체하며 고개든 저 여인과
연인하고픈 우주의 만물들이
삼라만상 품에 안고
돌아산나. 빙빙빙

결명자

신접살림을 낯선 곳에 차렸다

밤이면 나를 보호하려
온몸을 웅크리고 다음 날을
기다렸다. 아슬아슬
인생을 힘들게 헤쳐 나가는
나의 결과물, 바다를 향해
신접살림의 꼭지점을 찍었다

세상 모두 황달 들게
시간을 보내며
햇살을 사랑하다 못해
품고 돌아간다

빙글 빙글

에필로그

숨 한번 시원하게 쉬었다.
이젠 '야생화 시인'이라는 호칭도 버려야겠다.
돌아서면 잊어버리기 일쑤이고
꽃 이름조차 기억이 나지 않을 때가 많으니
민망한 일이 많아졌다.
그냥 나이 들어가는
소박한 시골 마을 아낙네로 살고 싶다.

밟혀도 피는 꽃 Ⅲ 송은애 꽃시집

발행일 2025년 7월 7일
지은이 송은애
사　진 김병지, 조현미
펴낸이 이영옥
펴낸곳 도서출판 이든북　　　　**등록번호** 제2001-000003호
전　화 042 · 222 · 2536　　　　**이메일** eden-book@daum.net
팩　스 042 · 222 · 2530
주　소 (34625)대전광역시 동구 중앙로193번길 73

지은이 메일 : sea5610@daum.net

ISBN 979-11-6701-355-2 (03810)

값 13,500원

* 잘못된 책은 바꾸어드립니다.
* 이 책 내용의 전부 또는 일부를 재사용하려면 반드시 저작권자의 동의를 받아야 합니다.